TYPOGRAPHIE FIRMIN-DIDOT ET Cie. — MESNIL (EURE).

POUR LES TOUT PETITS

LECTURES SUR LA MORALE

À L'USAGE DES ÉCOLES MATERNELLES

ET DES DIVISIONS ÉLÉMENTAIRES DES ÉCOLES PRIMAIRES

Dessins de Émile Mas

PARIS

ANCIENNE LIBRAIRIE FURNE

Combet & Cie, Éditeurs

5, RUE PALATINE (VIe)

Tous les matins, Max et Yvette vont souhaiter le bonjour à grand-père.

I. — GRAND-PÈRE A FAIT UN MAUVAIS RÊVE

(AMOUR FILIAL, RECONNAISSANCE)

Le bon-papa disait :
« Le premier, le plus grand devoir
des enfants, c'est d'aimer leurs parents,
c'est de leur obéir. »

Tous les matins Max et Yvette entraient, en souriant, chez le bon-papa. Ils venaient lui souhaiter le bonjour.

Ce matin-là, quand les deux petits parurent, dans la chambre du vieillard,

POUR LES TOUT PETITS. — MORALE I.

ils furent bien étonnés! Leur sourire disparut tout de suite!

Pourquoi donc leur sourire disparut-il si vite?

Parce que, ce matin-là, au lieu du grand-père gai, heureux, qu'ils avaient l'habitude de rencontrer, les petits enfants ne trouvèrent qu'un grand-père soucieux, très triste?

Le vieillard était assis dans son fauteuil. Sa chevelure blanche et sa longue barbe, couleur de neige, donnaient plus de tristesse encore au visage de l'aïeul. Il appuyait sa tête dans sa main droite. Ses yeux, qui n'avaient plus leur éclat habituel regardaient vaguement dans la campagne par la fenêtre ouverte.

Yvette en voyant la tristesse du vieillard s'écria :

— Oh! bon-papa, qu'avez-vous donc? Êtes-vous malade?

Max ajouta :

— Que vous êtes triste grand-père! Hier encore vous étiez si gai en parcourant les allées de votre jardin!

Le bon-papa resta un instant sans répondre à ses petits enfants. Après quelques minutes de silence, il passa la main sur son front et sur ses yeux. Il dit :

— Vous voulez, chers petits, savoir pourquoi je suis triste? Je suis triste parce que j'ai fait un mauvais rêve; le plus mauvais rêve qu'un grand-père puisse faire!

Max demanda :

— Oh! bon-papa, quel mauvais rêve avez-vous donc fait?

Yvette sauta sur les genoux du vieillard. La petite fille pensait que le grand-père avait vu en songe des loups! des tigres! des serpents! peut-être Barbe-Bleue et l'Ogre!

Et déjà la petite fille frémissait à l'idée

des combats féroces dont elle croyait entendre raconter l'histoire.

— Oh ! dites-nous cela ! suppliait Yvette. Qui avez-vous vu, dans votre rêve, si triste ?

— C'est vous, mes petits-enfants ; vous-mêmes que j'ai vus en rêve !

Max s'écria :

— Alors, bon-papa, ce n'était pas triste : nous sommes gais, Yvette et moi !

— Écoutez donc, reprit l'aïeul : voici ce que j'ai vu en songe :

II. — BON-PAPA RACONTE LE SONGE QU'IL A FAIT.

« C'était l'hiver. Il faisait froid ! La terre était couverte de neige ! Votre père, votre mère et moi nous n'avions plus d'argent. Nous avions tout dépensé pour faire de toi, Max, un homme instruit ; pour faire de toi, Yvette, une

VOICI CE QUE J'AI VU EN SONGE.

jeune fille charmante. Et nous n'avions plus rien pour acheter notre nourriture! nous étions trop pauvres pour faire du feu. Nous avions faim! nous avions froid! nous étions malades!

Et voilà que, tout à coup, toi, mon petit Max, toi, mon Yvette, vous êtes apparus dans la mansarde glacée où nous grelottions : votre père, votre mère et moi!

Dans mon rêve vous n'étiez plus de petits enfants. Vous étiez grands, vous étiez forts comme vous le serez dans dix ans!

En nous voyant si pauvres, si pauvres, une profonde émotion vous gagna! Vos larmes coulèrent avec abondance.

Max qui avait la taille d'un jeune homme de dix-huit ans, nous disait :

— Quand je n'étais qu'un petit garçon, incapable de gagner mon pain, c'est vous, mes bons parents, qui travailliez pour me nourrir, c'est vous qui me soigniez.

A présent que vous êtes pauvres et malades, c'est à moi de travailler afin de vous donner tout ce qu'il faut pour vivre!

Voilà comme, dans mon rêve, je t'entendais parler, mon petit Max. »

Yvette demanda :

— Et moi, bon-papa, est-ce que je ne disais rien?

L'aïeul continua le récit du songe qu'il avait eu :

— Dans mon rêve, Yvette était une belle jeune fille de quinze ans!

En entrant dans la mansarde glacée, Yvette avait deviné notre souffrance. Son bon cœur était devenu gros de compassion! Elle s'était jetée dans les bras de sa pauvre mère. Yvette versait d'abondantes larmes et disait :

— Oh! maman! Quand je n'étais qu'une petite fille, je me rappelle comme vous me protégiez! Comme vous me faisiez une vie douce! Je me rappelle aussi, quand j'étais un peu malade, les soins que vous me donniez. Il me semble vous voir encore penchés sur ma couchette, l'air inquiet! Je n'ai pas oublié toutes les nuits que vous passiez sans dormir pour empêcher mon mal de devenir grave!

Eh bien, maman, moi, à présent, je suis forte! C'est moi qui veux vous protéger! C'est moi qui veux vous soigner! Je veux vous rendre la vie très douce, à force de vous aimer!

Voilà comme, dans mon rêve, je t'entendais parler, ma petite Yvette.

— Oh! s'écria la petite fille, en embrassant le bon-papa, que je disais de belles choses!... On parle joliment bien dans les rêves!...

ELLE S'ÉTAIT JETÉE DANS LES BRAS DE SA PAUVRE MÈRE.

Le grand-père ne fit pas attention à la remarque de Mlle Yvette. Il continua le récit du songe qu'il avait fait. Il dit :

III. — MAX NE SAIT PAS GAGNER D'ARGENT

Alors, pour nous tirer de la misère, Max se fit ouvrier. Il voulait gagner de l'argent pour nous le donner. Avec cet argent nous aurions pu acheter du pain pour manger, du bois pour nous chauffer. Nous n'aurions plus eu faim; nous n'aurions plus eu froid!

Mais Max ne savait pas de métier. Personne ne voulait l'occuper!

Le serrurier ne voulait pas de lui pour frapper sur l'enclume!

Le menuisier ne voulait pas de lui pour raboter le bois!

Le maçon ne voulait pas de lui pour gâcher le plâtre!

Max, qui aimait ses parents d tout son cœur, se désolait de ne pas pouvoir gagner d'argent! Plus il nous voyait souffrir, plus il était malheureux!

Ah! combien il regrettait de n'avoir pas écouté les bons conseils que nous lui donnions

Le menuisier ne voulait pas de lui.

dans son enfance, quand nous lui disions :

« Instruis-toi! Travaille avec courage! »

Max se revoyait petit enfant, sur les bancs de l'école. Il entendait la voix de son maître qui lui disait aussi : « Instruis-toi ! Travaille avec courage ! »

Et voici que son père, sa mère, son bon-papa allaient mourir de faim, sans que Max, devenu un homme, fût capable de leur porter secours !...

— Oh ! grand-père ! s'écriait le petit Max, que c'est triste votre rêve !

IV. — YVETTE NE SAVAIT QUE PLEURER.

— Et moi, bon-papa ? demanda Yvette.

— Yvette n'était pas plus habile ! malgré toute sa bonne volonté, elle ne nous était d'aucun secours !

Elle ne savait pas coudre ! Elle ne savait pas faire le ménage ! Elle ne savait pas soigner les malades !

Yvette nous aimait beaucoup, beaucoup ! et de se voir si inutile, elle ne faisait que pleurer! Cela nous rendait plus malheureux encore!

Et toujours, toujours la misère grandissait!

. . . .

A ce point de mon rêve, continua le grand-père, je me suis réveillé, tout enfiévré!

Ce mauvais songe m'avait rendu malade! je n'ai pas encore pu chasser ce cauchemar de mon souvenir.

De se voir inutile, elle pleurait.

Voilà pourquoi, mes chers petits, vous me voyez si peu en train, aujourd'hui.

Le bon-papa cessa de parler. Les deux petits enfants, encore émus de ce qu'ils venaient d'entendre raconter, réfléchissaient.

V. — MAX ET YVETTE PRENNENT DE BONNES RÉSOLUTIONS.

Après quelques minutes de silence, Max s'écria :

— Oh! grand-père! Heureusement que ce que vous nous avez raconté n'est qu'un rêve! Si c'était la réalité, je serais un grand coupable! Oh! ne pouvoir rien faire pour des parents si bons qui me font tant de bien! Je serais un vilain ingrat!

— Et moi, je serais une vilaine ingrate, ajouta Mlle Yvette. Oh! bon-papa que je vous aime!

Le vieillard reprit :

— Ce n'est pas tout que de crier: « Je vous aime! Je vous aime! » L'amour filial ne se paye pas de mots. Il faut des actes!

— Quels actes faut-il, grand-père?

— Pour prouver que vous aimez bien vos parents, obéissez-leur en toutes choses! Et puis, au lieu de ne penser qu'au jeu, travaillez pour vous instruire. L'idée qu'un jour vous pourrez être utile à votre mère, vous donnera du courage!

Max redressa sa petite taille. Il dit gravement :

— Oh! grand-père, ne soyez plus triste! Jamais, je n'oublierai le rêve que vous venez de

Max sera un jour le soutien de sa famille.

me raconter! Quand je serai tenté par la paresse, je reverrai la mansarde glacée. Cela me rendra le courage !

Mlle Yvette dit à son tour :

— Et moi aussi, puisque j'aime mes

parents je ne leur désobéirai plus jamais ! Les enfants désobéissants font du chagrin à leurs parents !

Le grand-père attira vers lui Max et Yvette. Il caressa leurs cheveux et dit :

— Conservez toujours les bons sentiments que vous avez, chers petits.

Max et Yvette sont de gentils enfants qui aiment leurs parents.

Le premier, le plus grand devoir des enfants; c'est d'aimer leurs parents; c'est de leur obéir !

Max et Yvette sont de gentils enfants; car ils aiment de tout leur cœur leur papa et leur maman !

— Et leur bon-papa ! ajouta câlinement Mlle Yvette.

I. LA PARTIE DE CACHE-CACHE

(NÉCESSITÉ DE S'INSTRUIRE)

Petit enfant, ...
Il faut travailler à tout âge ;
Sans études pas de savoir.
Si tu veux être un petit sage
En classe, accomplis ton devoir.

Moi, disait Mlle Yvette à son bon-papa, je voudrais bien être un petit oiseau ! Je voudrais bien aussi que Max fût un petit oiseau !

Le bon-papa était assis dans son jardin, à l'ombre d'un beau marronnier. Il lisait dans un livre savant.

Le bon-papa en entendant parler sa petite-fille, interrompit sa lecture. Yvette était assise aux pieds du vieillard, sur un petit banc.

L'aïeul lui demanda :

Pourquoi donc voudrais-tu être un petit oiseau?

— Parce que les petits oiseaux s'amusent toujours! Ils ne vont jamais à l'école; c'est triste, l'école! Il n'y faut pas parler!

Ils n'apprennent jamais de leçons les petits oiseaux; c'est ennuyeux, les leçons!

— Oh! la petite paresseuse! dit le bon-papa.

Il demanda encore :

— Pourquoi penses-tu du mal des leçons que les écoliers apprennent? Tu ne peux pas savoir si les leçons sont ennuyeuses ou amusantes. Tu es dans la classe des tout petits enfants. Aux tout petits enfants, on ne donne pas encore de leçons à apprendre.

Mlle Yvette répondit :

— C'est Max qui en a des leçons! C'est pourquoi je dis que c'est ennuyeux!

— Max s'est-il plaint de travailler?

— Oh! non, bon-papa!... Mais c'est à cause des leçons de mon frère que nous ne pouvons jouer ensemble dans la prairie.

— Sois patiente, Yvette, dit le grand-père; quand Max aura terminé ses devoirs, vous irez, tous les deux, jouer dans la prairie.

Le bon-papa, qui avait des lettres à écrire à ses amis, quitta le jardin. Il rentra dans son cabinet de travail. Il dit à Yvette :

— Sois bien sage, mon enfant! Joue avec ta poupée, en attendant ton frère.

— Oui, grand-père, répondit Yvette;

je vous promets que je serai bien sage!

II. — PETIT DÉMON TENTATEUR.

Yvette ne mentait pas! Elle avait promis qu'elle serait bien sage, et elle avait l'intention d'être bien sage! Elle prit d'abord sa poupée. Elle lui nettoya le visage et elle lui natta ses longs cheveux blonds.

Yvette prit d'abord sa poupée.

Mais cela ne l'amusa pas longtemps!

Yvette aurait préféré jouer à cache-cache avec son frère.

Alors, il lui vint une très mauvaise

MAX ÉTAIT ASSIS DEVANT SON PUPITRE; IL APPRENAIT SA LEÇON.

idée. La petite fille pensa qu'elle pourrait bien aller chercher Max pour faire avec lui une partie de cache-cache, rien qu'une toute petite partie !

Elle s'en alla trouver son frère, doucement, doucement. Yvette marchait sur la pointe de ses petits pieds pour que bon-papa ne l'entendît pas.

Yvette entra dans la chambre où était son frère.

Max était assis devant son pupitre noir. Son livre était grand ouvert, il apprenait sa leçon à haute voix. Max était sage !

Mlle Yvette, comme un démon tentateur, lui demanda :

— Est-ce que ça t'amuse cette leçon?

— Non, ça ne m'amuse pas; mais il faut que je l'apprenne quand même.

— Voudrais-tu jouer à cache-cache avec moi?

— Oh! oui, répondit le petit garçon : Sitôt que je saurai le verbe
« *être* », nous irons jouer dans la prairie.

Yvette dit encore :

— Tu l'apprendras demain, *ton*
verbe « *être* ». Viens donc jouer!

Max, ainsi que beaucoup d'enfants,
aimait plus le jeu que l'étude. Au lieu
de résister aux mauvais conseils de sa
sœur, il se laissa tenter.

Il répondit :

Allons jouer à cache-cache dans la
prairie. J'aurai bien le temps, demain
matin, d'apprendre ma leçon.

Yvette et Max se sauvèrent donc
dans la verte prairie pour faire une
joyeuse partie de cache-cache.

III. — LE GENTIL DOMINIQUE.

Quand le bon-papa eut fini d'écrire

les lettres à ses amis, il descendit dans le jardin.

Il croyait que Mlle Yvette y était et qu'elle jouait sagement avec sa poupée. Il fut très étonné de trouver la poupée délaissée, jetée sur le banc. Alors, le grand-père appela :

— Yvette? Yvette? »

Il fut très étonné de trouver la poupée délaissée.

Mais Yvette était dans la verte prairie; elle n'entendait point l'appel de bon-papa.

Alors, le grand - père pensa :

—C'est donc que ma petite fille serait allée trouver le gentil Dominique?

L'aïeul regarda par-dessus la haie

d'aubépine, dans le jardin qui appartenait au père de Dominique. Il vit le jeune garçon qui admirait les belles images d'un album qu'on lui avait donné à l'école pour le récompenser de sa sagesse.

Le vieillard demanda :

Est-ce que tu n'as pas vu Yvette?

Le petit garçon se leva poliment et répondit :

— Si, Monsieur; j'ai vu Yvette ; elle vient de s'en aller dans la prairie avec son frère.

Dominique admire les belles gravures de son livre de prix.

— Comment! s'écria le grand-père, très mécontent, comment! Ils sont partis sans ma permission! Max est allé jouer sans savoir ses leçons! Oh! que c'est vilain!

Va les chercher, mon petit Dominique, et dis-leur que je les attends tout
de suite.

Max et Yvette revinrent près du
grand-papa. Ils avaient la mauvaise figure des enfants qui n'ont pas été sa-
ges ! Ils ne riaient plus ! Ils regardaient
en dessous ; leur front était sombre...
Ils n'étaient pas beaux !

IV. — VENEZ ICI, MAUVAIS ENFANTS.

Le grand-père leur dit d'une voix
très dure :

— Venez ici, mauvais enfants !

Oh ! la vilaine Yvette qui me promet
d'être sage et qui ne sait pas tenir sa
promesse !...

Oh ! le vilain Max ! Oh ! le paresseux !
Il n'a même pas assez de courage
pour apprendre ses leçons ! Est-ce que

VENEZ ICI, MAUVAIS ENFANTS!

tu n'auras pas honte de rester la bouche fermée, demain, quand ton maître t'interrogera?

Max reprit timidement :

Bon-papa j'aurais appris mon verbe demain matin; j'ai bien le temps!

— Tous les mauvais élèves disent comme toi : « *J'ai bien le temps!* » Et ils n'apprennent rien du tout. Les mauvais élèves, ce sont des ignorants. On se les montre du doigt avec mépris! Veux-tu donc, Max, que tout le monde te méprise?

— Oh! non! bon-papa, répliqua fièrement le petit garçon, en relevant la tête. Mais Yvette m'a dit que ça ne sert à rien de connaître les verbes; elle croit que ce sont les papas et les maîtres qui ont inventé les écoles et les devoirs pour taquiner les enfants.

Le grand-père reprit avec sévérité :

— Yvette est une sotte! Et toi, Max,

tu es un sot!... Comment! tu répètes de pareilles niaiseries? Tu n'as donc pas encore compris pourquoi les parents envoient leurs enfants à l'école?

Alors le bon-papa s'assit; il dit à ses petits-enfants, debout devant lui :

V. — PORTRAIT DU BON ÉCOLIER.

— Écoutez bien :

Les parents envoient leurs enfants à l'école pour que, chaque jour, ils deviennent plus intelligents, plus raisonnables, meilleurs enfin!

Un enfant instruit a le visage ouvert! l'œil vif! Ses idées sont éveillées sur toutes choses!

Plus tard, quand cet enfant instruit sera devenu un homme, il aura le front large! fier! rempli de nobles pensées! Il sera beau!

Tous les honnêtes gens voudront être ses amis!

VI. — PORTRAIT DU MAUVAIS ÉCOLIER.

Un enfant ignorant a le visage hébété! le front sombre! le regard terne! Ses idées sont engourdies; c'est comme s'il n'avait pas d'idées. Il ne sait rien dire!

Cet enfant ignorant, devenu un homme, sera gauche, honteux! timide! Il n'aura pas de nobles pensées! Il sera laid!

Il n'aura pour amis, que des ignorants comme lui!

Et le bon-papa voulut donner à ses petits enfants, un exemple frappant de la différence qu'il y a entre le bon élève et le mauvais élève.

Il ajouta :

Max et Yvette peuvent voir combien ce que je viens de dire est exact :

Mettez le sage Dominique à côté du Gros-Louis.

Regardez le visage intelligent de Dominique!

Regardez le visage stupide du Gros-Louis!

L'un est bon écolier! Il sait qu'on l'envoie à l'école pour agrandir son intelligence. Il aime sa classe où il se prépare à être un homme!

L'autre fait l'école buissonnière! Il ne va en classe que lorsque son père l'y conduit par l'oreille.

Il ne va en classe que quand son père l'y conduit par l'oreille.

Le Gros-Louis n'aime pas l'école

parce qu'il ne s'estime pas supérieur aux bêtes!

Ce qui fait la noblesse de l'homme c'est le sentiment de sa dignité! de son intelligence!

Max s'écria :

— Bon-papa, je veux être instruit!... Non, je ne serai pas un ignorant comme le Gros-Louis!

— Bien, mon garçon! Courage! L'ignorance, c'est la MORT de l'intelligence!

— Oh! s'écria Yvette, j'étais bien sotte de penser que l'école avait été inventée pour taquiner les petits enfants! J'étudierai aussi, moi! Je ne veux pas faire *mourir* mon intelligence!...

Yvette guettait, à la porte du jardin, l'arrivée
de ses petites amies.

I. — LA VENGEANCE D'YVETTE

(CHARITÉ. — AMOUR DU PROCHAIN)

Le bon-papa disait :
« Oh! mes petits enfants, si vous voulez être heureux, aimez-vous bien les uns
les autres. »

Ce jour-là, c'était un jeudi.
Le jeudi, les écoliers ne vont pas à
l'école.

Max avait dit à ses petits camarades :
— Venez! nous jouerons bien dans

la verte prairie. J'ai un gros ballon; il est tout neuf!

Yvette avait dit la veille, à ses jeunes compagnes :

— Vous viendrez demain! nous sauterons dans la verte prairie. Bon-papa m'a acheté une corde à poignées rouges!

II. — YVETTE REND LE MAL POUR LE BIEN

Il faisait un temps superbe! Le soleil brillait! Les fleurs embaumaient! Tous les oiseaux chantaient!

Max avait quitté le jardin du grand-père pour aller chercher son ami Dominique qui tardait à venir.

Yvette guettait à la porte du jardin. Elle espérait apercevoir les petites compagnes que, la veille, elle avait invitées.

Quatre ou cinq de ses amies lui avaient dit :

« VA-T-EN DE MON JARDIN, » S'ÉCRIA LA MÉCHANTE YVETTE.

« Yvette nous irons sauter à la corde, avec toi, dans la verte prairie. »

Et voici qu'une petite fille de sa classe parut:

— Bonjour, Yvette, dit gentiment la petite fille. Veux-tu jouer avec moi?

— Non! Je ne veux pas jouer avec toi! répondit Mlle Yvette, d'un ton méprisant!

— Pourquoi ne veux-tu pas, Yvette? Je ne t'ai pas fait de méchancetés! Je t'aime bien!

— Moi, je ne t'aime pas! Je te déteste! Je ne veux pas jouer avec toi, parce que tu es laide! parce que tu as une vilaine robe, parce que ton tablier est déchiré! Va-t'en de *mon* jardin!

Et la méchante Yvette, qui se croyait seule dans le jardin de son grand-père, repoussa sur la route sa pauvre petite compagne de classe.

Oh! qu'Yvette agissait mal!

Cette pauvre petite fille, qu'Yvette avait repoussée, était bien à plaindre! Elle n'avait plus de maman pour lui faire de belles robes et pour lui raccommoder ses tabliers.

Et comme elle était toute petite, elle ne savait pas encore coudre; elle ne pouvait donc pas prendre soin de ses vêtements.

La pauvre petite fille s'en allait en pleurant. Elle pensait :

Ma maman ne me disait pas : « Tu es laide! » Elle m'aimait bien, ma maman! Quand elle me soignait, personne ne m'aurait dit : « Va-t-en! »

Mlle Yvette aurait été bien honteuse si elle avait su que son grand-père avait entendu ses méchantes paroles!

Le vieillard était assis derrière une touffe de hautes plantes. Il était venu s'y asseoir pour lire son journal. Cette touffe de hautes herbes le cachait absolument, personne ne pouvait le voir; mais le vieillard entendait tout ce qui se disait. A travers le feuillage, il voyait tout ce qui se faisait!

Le bon-papa fut affreusement peiné d'entendre ce que Yvette disait à la pauvre petite fille qui n'avait plus sa maman!

III. — YVETTE REND LE MAL POUR LE MAL

A l'instant où la jeune orpheline s'éloignait, le cœur bien gros, voici qu'une autre compagne d'Yvette accourait.

Cette autre compagne s'appelait Alice.

— Bonjour, Yvette, dit Alice. Veux-tu jouer avec moi?

Yvette laissa Alice entrer dans le jardin; elle la laissa admirer la belle corde neuve!

— Oh! que nous nous amuserons! s'écria Alice en frappant dans ses petites mains.

— Oui, répondit Mlle Yvette; nous

Nous nous amuserons bien.

nous amuserons bien, dans la verte prairie; mais nous ne jouerons pas avec toi!

— Pourquoi ne jouera-t-on pas avec moi? Qu'est-ce que je t'ai fait, Yvette?

— Tu as dit du mal de moi, à Dominique. Je t'ai entendue! Tu lui as dit:

« Yvette est une gourmande!... Yvette écrit très mal! »

— Oui, j'ai dit ça à Dominique... mais si tu veux, je vais aller lui dire que tu n'es plus gourmande et que tu n'écris plus mal.

— Fais comme tu voudras, Alice; mais puisque tu as été méchante pour moi, je serai méchante pour toi. Tu ne joueras pas avec nous dans la verte prairie. Va-t'en !

Alice s'en alla, très mécontente! En ce moment, elle détestait Yvette!

Le bon-papa, caché derrière la touffe de hautes plantes avait entendu la conversation d'Yvette et d'Alice.

Et voilà trois autres petites filles qui arrivent.

Elles avaient des mamans qui leur faisaient de jolies robes et qui ornaient leurs cheveux de clairs rubans.

Ces trois petites filles étaient donc parfaitement habillées.

Yvette courut au-devant de ses trois compagnes. Elle leur fit toutes sortes de caresses.

Max arriva avec tous ses camarades.

Elle leur dit :

Max est allé chercher Dominique et tous ses camarades. Ils vont venir. Nous irons tous ensemble dans la prairie. Nous, les filles, nous sauterons à la corde. Ce sera moi la première !

IV. — MAX ET SES CAMARADES.

Max arriva avec tous ses camarades. Les uns avaient de beaux vêtements ; les autres n'avaient que de pauvres blouses. Max ne jugeait pas ses amis sur le costume. Le petit garçon n'avait pas fait le dédaigneux.

Tous les enfants, les garçons avec le gros ballon, les filles avec leur corde neuve allaient quitter le jardin pour se rendre dans la verte prairie.

V. — BON-PAPA N'EST PAS CONTENT.

A ce moment, le bon-papa se leva du fauteuil où il était assis, derrière la touffe de hautes plantes.

Il parut devant les petits enfants.

Yvette fut tout à fait surprise de voir paraître son grand-père ! Elle de-

« ÉCOUTEZ QUE JE VOUS DISE CE QU'A FAIT LA MÉCHANTE YVETTE. »

vint très rouge! Elle pensa : « Pourvu que bon-papa n'ait rien entendu! »

Le vieillard, le front très sévère, se dirigea sur Yvette. Avant de lui dire un seul mot, il la regarda froidement.

Yvette ne savait plus où se cacher; elle aurait voulu s'enfoncer dans le sol!

Enfin le grand-père parla. Il dit :

Yvette, j'ai tout entendu! J'étais caché là, tout près! Tu t'es montrée bien vilaine! Jamais je n'aurais pu croire que ma petite-fille a le cœur mauvais! »

Tous les enfants écoutaient parler le vieillard. Ils se demandaient :

— Qu'a donc fait Yvette? »

Alors, le grand-père dit :

— Écoutéz tous, petits enfants qui êtes ici, écoutez tous que je vous dise ce qu'a fait Yvette!

Et l'aïeul raconta comment Yvette

avait méchamment repoussé la petite fille sans mère !

— Oh ! c'est laid ! » chuchotaient les jeunes camarades.

Et le vieillard parla aussi de la rancune avec laquelle Yvette avait renvoyé la jeune Alice dont elle avait à se plaindre.

Les petites filles s'écartèrent d'Yvette.

On fuit toujours les méchants !

Le grand-père dit :

Avec la pauvre petite orpheline, Yvette a été tout à fait méchante et très injuste? Elle a rendu le *mal* pour le *bien*.

— Comment cela, bon-papa? demanda Max.

— Que lui disait l'enfant sans mère? Elle lui disait : « Yvette, je t'aime bien ! » Que lui répondait ma vilaine petite-fille? « Moi, je te déteste? » Elle refusait aussi de jouer avec la pauvre petite, parce que sa robe n'était plus à la mode. C'était non seulement vaniteux et par conséquent très sot; mais peu charitable!

« Avec Alice, Yvette a rendu le *mal* pour le *mal,* ce qui n'est pas beau!

Sans doute, Alice avait tort de médire de sa compagne; mais Yvette avait un tort bien plus grand de chercher à se venger!

La vengeance est une maladresse et une faiblesse!

Si Yvette, au lieu de repousser Alice, lui avait dit :

— Je sais que tu n'as pas été gentille pour moi; mais je te pardonne! » Alice aurait été émue de tant de bonté! Elle aurait été fière de l'amitié d'une compagne assez généreuse pour rendre le *bien* pour le *mal!*

Pour être aimés, petits enfants, il faut aimer!

VI. — REPENTIR D'YVETTE.

Yvette se disait tout bas :

— Oui, bon-papa a raison ; j'ai mal agi ! Jamais plus je ne serai méchante pour ceux qui sont bons.

Jamais je ne chercherai à me venger. Au contraire, j'essayerai d'être gentille même avec les compagnes qui me taquinent.

« Oh ! que j'ai été méchante ! »

VII. — YVETTE SERA PUNIE.

Le grand-père reprit :

Yvette a été si peu charitable qu'elle mérite une sévère punition.

Yvette, dit le vieillard, tu n'iras pas jouer aujourd'hui dans la verte prairie. Donne-moi ta corde. Je vais moi-même aller chercher la petite orpheline et Alice. Je leur donnerai ta corde et elles joueront sans toi!

Yvette pleurait bien fort!

Le vieillard ajouta, en s'adressant à tous les camarades de Max et à toutes les compagnes d'Yvette.

Oh! mes petits enfants, si vous voulez être heureux, aimez-vous bien les uns les autres!

MAX FAIT L'ÉCOLE BUISSONNIÈRE

(EXACTITUDE. — ASSIDUITÉ)

L'exactitude est un des principaux
devoirs de l'écolier.

1. — LA PROMESSE DE MAX.

— Pourquoi, grand-père, cela vous ennuie-t-il si fort de ne pouvoir me conduire à l'école?

— Parce que je crains que mon petit Max ne soit pas sérieux et qu'il flâne en route.

— Oh! grand-père!...

POUR LES TOUT PETITS. — MORALE 4.

— Pour me tranquilliser, promets-moi, Max, d'être raisonnable ainsi qu'un petit homme. Va-t-en à l'école, par le plus court chemin et presse le pas. Il ne faut pas arriver en retard, cela serait une grave impolitesse à l'égard de ton maître, et une grosse maladresse qui te créerait des chagrins.

Max répondit :

— Oh! oui, grand-père, de très grands chagrins. D'abord, mon maître me dirait :

« Max, puisque vous vous êtes mis en retard, je vous marque dix mauvais points! » Et puis, comme je ne saurais pas où l'on en est de la lecture, il ajouterait :

« Je vous marque dix autres mauvais points, parce que vous ne suivez pas! »

Le grand-père dit : « Avoue que cela serait très juste. »

II. — L'INEXACTITUDE EST UNE IMPOLITESSE.

— Grand-père, vous disiez, tout à l'heure, que si j'arrivais en retard à l'école, ce serait une impolitesse ; pourquoi serait-ce une impolitesse?

— D'abord, parce que tu dérangerais ton maître; ensuite, parce qu'il n'est pas convenable que ce soit le supérieur qui attende l'inférieur. Imagine-toi un général qui attendrait le bon plaisir de ses soldats pour leur donner ses instructions!

— Vous avez raison, grand-père : je ne veux pas être impoli! Je ne veux pas davantage me faire marquer de mauvaises notes. Aussi, vous pouvez être tranquille; je ne flânerai pas en route!

Et le petit Max baisa son grand-père, prit son carton, et disparut sur le chemin bordé de beaux tilleuls.

III. — LES PAPILLONS FOLÂTRAIENT.

C'était le printemps. Le ciel était tout bleu. Les petits oiseaux voletaient d'arbre en arbre, de branche en branche, en chantant joyeusement.

Max marchait bravement.

Les papillons folâtraient; les abeilles allaient se poser sur les fleurs qui embaumaient; elles en puisaient les sucs

BONJOUR, PETIT MAX, DIT LE GROS LOUIS.

pour faire le miel dont plus d'un enfant est friand.

Le petit Max, tout plein de bonnes
intentions, marchait bravement, au
milieu de cette belle nature.

Il pensait :

Grand-père ne peut pas, aujour-
d'hui, me conduire à l'école. Il a con-
fiance en moi. Je lui ai promis d'être
bien sage. Je veux tenir ma promesse
avec fermeté.

IV. — LE TENTATEUR.

Mais voilà qu'au tournant de la
route, Max aperçut le Gros Louis. Le
Gros Louis avait les deux mains dans
les poches de sa culotte et sifflait
comme un merle.

Ce Gros Louis était encore dans la
classe des tout petits. Cependant, il
était bien plus grand que notre Max.

— Pourquoi ce Gros Louis était-il encore dans la petite classe?

— Parce qu'il était très paresseux.

« Bonjour, petit Max, dit le Gros Louis. Est-ce que tu es tout seul, aujourd'hui?

— Oui, répondit Max : grand-père a bien mal aux jambes; il n'a pas pu me conduire.

— Tu vas à l'école, petit Max?

— Il le faut bien! Grand-père dit que si je n'y allais pas, je serais un ignorant, et moi, je ne veux pas être un ignorant.

Le Gros Louis répliqua :

— Tu sais, les parents disent ça, pour se débarrasser de nous; mais ils ne disent pas la vérité.

— C'est toi, Louis qui ne dis pas la vérité. Les parents ne font jamais de mensonges!

S'ils nous forcent à aller à l'école, c'est pour notre bien.

— Oui, sans doute, il faut aller à l'école ; mais c'est bien assez de n'y aller qu'une fois ou deux par mois. Il n'y a que les petits nigauds, comme toi, qui y vont tous les jours. Tiens, viens donc avec moi, dans ce joli sentier fleuri ; je vais te montrer un nid de mésanges que j'ai découvert et que j'enlèverai ce soir, quand tombera la nuit.

— Oh ! non, Louis. Je ne veux pas me détourner de mon chemin ! Grand-père ne serait pas content.

— Il ne le saura pas !... Ce ne sont pas les petits oiseaux qui iront le lui dire. Qui donc irait lui raconter ça ?

Max répliqua, en relevant fièrement la tête :

— Moi !... Parce que les enfants doivent dire tout à leurs parents. Et puis, pour que je te refuse, il y a une autre raison : c'est que ça me mettrait en retard.

— Que tu es sot, petit Max ! C'est là tout près, tout près. Tu regarderas le nid, et puis tu t'en iras vite, vite ! Une minute seulement. Oh ! viens... Je te montrerai aussi une jolie flûte que je me suis fabriquée avec un roseau. Je l'ai cachée sous la mousse. Viens voir comme elle est fine ; viens écouter les beaux sons qu'elle donne !

Et le vilain tentateur, tirait le petit Max qui, oubliant ses promesses et ses résolutions, ne résistait plus.

V. — L'ÉCOLE BUISSONNIÈRE

Ils pénétrèrent tous deux dans le joli sentier fleuri.

Le Gros Louis montra sa flûte de

roseau. Max la trouva très gentille.

Le Gros Louis dit au petit Max :

— Veux-tu que je t'en fabrique une pareille?

Sans réfléchir à l'heure qui passait, Max répondit :

—Oui! Je veux bien.

Alors, les deux garçons s'assirent sur la mousse au pied d'un arbre. Tandis que le tentateur taillait son roseau, Max soufflait dans le pipeau. Il se charmait lui-même avec le bruit aigu de l'instrument.

Quand le Gros Louis eut fini de

Max soufflait dans le pipeau.

façonner la flûte, il dit à Max :

— A présent, viens voir les gentilles mésanges.

Le petit garçon ne pensait plus du tout à l'école.

Il suivit le mauvais camarade qui lui conseillait le mal.

— Grimpons à l'arbre ; nous les verrons bien mieux. »

Et tous les deux, agiles comme des chats, grimpèrent dans les branches.

Max fit un accroc à sa culotte, troua la manche de sa veste, chiffonna son beau col tout blanc et ne se dit pas une seule fois :

« Si grand-père me voyait là, que dirait-il ? »

— Oh ! les jolis petits oiseaux ! s'écriait notre désobéissant, qui plongeait ses regards dans le nid. Il y a quatre tout petits oiseaux, sans plumes, et qui ouvrent leurs becs pour demander la becquée! Et la maman comme nous l'effrayons!...

« N'aie pas peur, belle mésange, nous ne te ferons pas de mal! »

Quand les deux garçons furent las de regarder, ils descendirent de l'arbre, enchantés de la visite qu'ils venaient de faire. Alors, ils se mirent à poursuivre les papillons aux brillantes couleurs; à cueillir les nombreuses fleurettes des fossés...

Cependant le temps passait, passait, passait.

Tout à coup Max s'écria :

— Ah !... Mon école! Je vais être en retard !

En entendant ces mots, le vilain tentateur se mit à rire et à se moquer du pauvre petit Max. Il dit :

— Vas-y donc à ton école! Tu trouveras les bancs vides et le maître absent. Ne vois-tu pas là-bas, tous les écoliers

« OH! LES JOLIS PETITS OISEAUX, » S'ÉCRIA LE DÉSOBÉISSANT.

qui retournent chez eux pour déjeuner?... Il est midi !

VI. — DÉSESPOIR DU PETIT MAX

— Ah ! je suis perdu ! gémit le petit garçon. Que va dire grand-père !

— Ne lui parle de rien à ton grand-père. Va déjeuner comme les camarades ; on croira que tu reviens de l'école.

Et le pauvre Max se sauva en courant.

Le petit Max pleura beaucoup, beaucoup ! Mais comme il était très honnête et très sincère, il dit :

— Non, non ! je ne veux pas mentir. Je retourne à la maison et je vais tout raconter à grand-père. Je suis un très vilain garçon : je n'ai pas su tenir mes promesses.

Et le pauvre Max se sauva en courant bien fort, sans même prendre le temps de ramasser sa jolie flûte de roseau.

VII. — CLÉMENCE DU GRAND-PÈRE

Il arriva chez lui tout essoufflé. Il se jeta dans les bras de son grand-père, en sanglotant, et dit combien il avait été faible, et comme il s'était sottement laissé tenter.

Le bon vieillard à la belle barbe blanche et aux beaux cheveux couleur d'argent, répondit :

— C'est très laid, très laid, ce que tu as fait là, Max.

Cette vilaine action mériterait une grande punition.

Mais puisque tu as été très franc, et que je vois bien, à ton repentir, que tu ne recommenceras plus jamais une pareille équipée, je te pardonne.

Seulement, rappelle-toi bien que le premier devoir d'un écolier c'est l'exactitude.

Sèche tes pleurs, mon enfant, et désormais ne fais plus l'école buissonnière.

Grand-père taillait un jeune poirier.

I. — MAX NE MENTIRA PLUS JAMAIS!

(FRANCHISE, SINCÉRITÉ)

Le mensonge est affreux
Honte à celui qui ment!

Max et Yvette regardaient le grand-père qui coupait les pousses inutiles d'un jeune poirier. Il y avait aussi un petit garçon du voisinage, nommé Dominique, dont les yeux ne quittaient pas le travail du vieillard.

Le grand-père allait achever de tailler son poirier quand un coup de sonnette se fit entendre, à la porte du jardin. C'était un visiteur.

L'aïeul qui ne voulait pas que le visiteur attendît, posa vite son sécateur au pied du poirier; il courut ouvrir la porte du jardin.

La jolie petite Yvette avait suivi son bon

On appelle *sécateur* les ciseaux dont se servent les jardiniers.

papa. Max était resté dans le jardin avec son camarade Dominique.

II. — LA MAUVAISE BESOGNE DE MAX

Max dit :

— Si j'essayais de couper l'arbuste, comme le coupait grand-père?

— Oh! non, répliqua Dominique; tu pourrais abîmer l'arbuste!

« Si j'essayais de tailler l'arbuste comme le taillait grand-père ? »

Dominique parlait en enfant raisonnable.

Max ne l'écouta pas. Il se mit à tailler le poirier, très maladroitement; mais il se croyait bien habile! Le petit sot était enchanté de sa mauvaise besogne!

Dominique n'avait pas voulu assister à ce saccage de l'arbuste. Il était parti. Et, comme il avait promis à sa maman de rapporter de l'herbe fraîche, pour les lapins, il était allé dans la verte prairie, cueillir l'herbe qui embaume.

Quelques instants plus tard, le bon-papa revenait.

Quand il vit son poirier en si mauvais état, le vieillard fut tout à fait mécontent!

Max, qui croyait avoir fait merveille fut bien étonné d'entendre son grand-père se fâcher très fort! Il prenait une

grosse voix qui faisait peur! Il deman-
dait :

— Quel est
le méchant po-
lisson qui a
commis ces dé-
gâts! Je veux le
savoir!... Il faut
que je le sa-
che!... Est-ce
toi, Max, qui
aurais fait ce vilain coup?

« Est-ce toi, Max, qui as fait cette mauvaise
besogne? »

III. — MAX QUI MENT!

Tout tremblant et baissant les yeux,
Max osa mentir! Il répondit :

— Ce n'est pas moi, bon-papa.

Le grand père qui n'aurait jamais
pu penser que son petit-fils était capable de faire un mensonge, crut ce
que Henri lui disait. Il ajouta :

— Puisque ce n'est pas toi, c'est donc ton camarade Dominique? Ce ne peut être que lui!...

Max, qui avait menti une première fois, se crut obligé de mentir une deuxième fois. Il commit une des plus vilaines actions qu'on puisse commettre! Il accusa son petit ami d'une faute qu'il n'avait pas faite!

C'était bien lâche! c'était bien vil!

Max, qui sentait la laideur de son mensonge, était devenu très rouge! Il n'osait plus regarder son bon-papa! Il avait honte de lui-même!

Max avait une attitude si peu naturelle que le vieillard se dit tout bas :

« Mon petit-fils n'a pas le visage d'un enfant sage!... Qu'a-t-il fait de mal? Aurait-il menti? Oh non! c'est impossible!... Max a trop de dignité pour s'abaisser jusqu'à ce défaut dégradant! Max a trop de noblesse pour être un méprisable menteur!

Cependant, le bon-papa renouvela sa question. Il demanda encore.

— Est-ce bien ton camarade Dominique, qui a saccagé le poirier?

Max ne répondit pas. Mais Yvette prenant la parole affirma :

— Oui, oui, oui! C'est Dominique! La preuve que c'est Dominique qui a coupé l'arbuste, c'est qu'il s'est sauvé pour ne pas être grondé!

— Comment le sais-tu, Yvette? demanda le bon-papa; étais-tu là? L'as-tu vu? Il ne faut jamais affirmer que ce dont on est bien sûr!

— J'en suis bien sûre, bon-papa! »

Et la petite fille se leva sur la pointe de ses souliers pour regarder dans la prairie verte, par-dessus la haie fleurie. Elle vit Dominique, agenouillé, qui cueillait l'herbe fraîche. Yvette ne

comprit pas ce que faisait le petit garçon. Elle s'écria, en le montrant du
doigt.

— Grand-père, c'est sûr!... C'est
Dominique! Tiens, regarde-le! Il est
là-bas... il a peur! Il se cache!...

Max ne disait pas à sa petite sœur
qu'elle se trompait; que Dominique
n'était pas le coupable.

Ce silence n'était pas beau! C'était
un silence qui mentait aussi! Max n'ac-
cusait plus; mais il laissait accuser l'innocent!

Le bon-papa regardait son petit-
fils du coin de l'œil. Max était tout
bouleversé; il n'était plus rouge à présent; au contraire, il était très pâle!

Il faisait semblant de ne pas entendre; il avait l'air d'être très occupé à
relever sa chaussette qui se rentrait
dans la bottine. Max était bien malheureux!

Le grand-père branla la tête ; il devint tout à fait triste.

Il se disait :

— C'est mon petit-fils qui a coupé le poirier... Il ne l'avoue pas !... Il accuse son camarade ! Il le laisse même accuser par Yvette ! fi, que c'est laid !

IV. — LE FRONT DU COUPABLE !

Max ignorait que le vieillard avait lu sur son front de coupable, le mensonge hideux qu'il venait de faire.

L'aïeul voulut voir jusqu'où irait la malignité de son petit-fils.

Il fit semblant d'être tout à fait fâché contre Dominique...

— Yvette, dit-il, va chercher le vilain Dominique... Il faut que je conduise ce garçon chez le garde champêtre.

Le garde champêtre ne plaisante

pas sur les dégâts qu'on fait dans les jardins! Il attrapera Dominique par l'oreille; il reconduira le polisson chez ses parents. Le père sera très mécontent de son garçon et il le punira sévèrement!

Max n'était pas un méchant enfant.

En entendant les sévères paroles de son grand-père, il lui fut impossible de garder le silence plus longtemps. Il se jeta dans les bras du vieillard et il s'accusa de sa faute.

Le garde champêtre ne plaisante pas sur les dégâts qu'on fait dans les jardins.

Il gémissait:

— Pardon!... Oh! pardon, grandpère! Je suis un grand coupable! J'ai menti !... Ce n'est pas Dominique qui a coupé l'arbuste : c'est moi !... Dominique est gentil ; il me disait : « Non, il ne faut pas couper le poirier. »

Je sens combien j'ai été méchant d'accuser mon camarade... Pourtant, je ne lui voulais pas de mal...

Et Max versait des larmes abondantes ! Son chagrin était vraiment sincère !

V. — TU AS ÉTÉ LÂCHE, MON ENFANT...

Les grands-parents ont dans le cœur des trésors d'indulgence. Sitôt qu'ils voient un repentir sincère chez le petit enfant qui a commis une faute, ils se montrent disposés à pardonner. Donc, le bon-papa dit à Max :

— Mon enfant, tu as fait un gros chagrin à ton grand-père ! Il était si fier de se dire :

« Mon petit-fils ne saurait pas mentir ! »

Mais je vois que tu as horreur de ton double mensonge...

En disant ton premier mensonge, tu t'es montré faible, poltron, lâche enfin !

— Oh ! mon bon-papa, ne pensez pas que je suis un lâche ! disait le petit garçon.

— Tu l'as été, mon enfant !

— Pourquoi as-tu menti d'abord ?...

Parce que tu as eu peur !... Oui, peur ! Tu avais commis une faute en touchant à mon arbuste et tu as eu *peur* de subir la punition attachée à ta faute. Or, mentir pour échapper à une punition ou à une correction, c'est toujours une lâcheté !

— Grand-père, suppliait Max, ne me méprisez pas !...

Pendant que le bon-papa expli-

« GRAND-PÈRE, SUPPLIAIT MAN, NE ME MÉPRISEZ PAS. »

quait à Max la laideur de son acte, Mlle Yvette, que cette scène grave n'amusait guère, s'était éloignée sans bruit. Elle avait rejoint Dominique dans la prairie. Tout en racontant au gentil garçon l'aventure de son frère, elle se cueillait un frais bouquet des fleurs des champs.

Yvette se cueillait un bouquet de fleurs des champs.

Le bon-papa dit à Max : Écoute encore.

Ton premier mensonge t'a amené à en faire un second, plus grave ! beaucoup plus grave ! Tu n'as pas reculé devant ce qu'il y a de plus malhonnête, puisque tu n'as pas reculé devant la *calomnie*.

— Qu'est-ce que la calomnie, bon-papa ?

— C'est le mensonge qu'on fait, quand on accuse quelqu'un d'une faute qu'il n'a pas commise.

Ce mensonge-là est non seulement une lâcheté, mais encore une grande méchanceté, une grande injustice ! Un honnête enfant ne calomnie jamais !

— Combien je regrette ce que j'ai fait, grand-père ! Hélas ! vous ne me croirez plus, même quand je vous dirai la vérité !

— Si, mon enfant ; je te croirai encore, parce que je vois que le mensonge t'inspire maintenant un profond dégoût !... Je suis sûr que tu ne mentiras plus jamais.

VI. — LA PUNITION DE MAX !

— Vous me pardonnez donc, bon-papa ?

— Oui, Max, je te pardonne ! Seulement, comme toute faute comporte un châtiment, tu vas te donner toi-même, la punition que tu mérites.

— Eh bien, pour me punir, dit le petit garçon d'une voix ferme, je n'irai pas à la fête du village !... Je ne monterai pas sur les chevaux de bois !... Les sous que vous m'aviez permis de dépenser à la fête, je les donnerai tous à notre pauvre voisine pour qu'elle achète du lait à son bébé. Et puis, j'irai vers Dominique et je lui avouerai que j'ai été lâche et méchant !

— Bien, Max ! Cette privation d'un plaisir sera l'expiation de ta faute...

LA TOILETTE DE GROS RENÉ

(PROPRETÉ)

Pour être bien portant, il faut être propre.
L'eau froide fera de toi un vaillant petit
homme. Si tu tiens à ta peau, Nettoie-la.
Dr E. Pécaut.

I. — GROS RENÉ A PEUR DE L'EAU

Gros René a peur de l'eau! Gros
René est un garçon malpropre et paresseux. Quand sa maman, qui est obligée
de travailler beaucoup, pour donner
du pain à son petit garçon, n'a pas
le temps de le savonner des pieds à
la tête, Gros René ne se lave que du

bout des doigts, en ne trempant dans l'eau que le coin de sa serviette.

II. — GROS RENÉ NE FAIT PAS SA TOILETTE

Un jour, la maman de Gros René fut obligée de partir à son travail de très grand matin. Le jeune garçon dormait encore, et la bonne mère se dit :

« Ne le réveillons pas : il est trop tôt. »

Or, à sept heures, quand le dormeur, éveillé par le chant des oiseaux et le gloussement des poules, se leva que fit-il?

Est-ce qu'il alla faire ruisseler l'eau fraîche sur sa tête, son cou, ses bras, sa poitrine?... S'occupa-t-il de mettre de l'ordre dans ses vêtements? de brosser vigoureusement ses cheveux?

Pas du tout. Il enfila lentement ses

bas, son pantalon et sa blouse; il mit ses pieds dans des sabots non cirés. Puis il chercha dans le buffet les aliments nécessaires à son déjeuner matinal et mangea bien à sa faim. Ensuite, il rassembla ses livres qui traînaient de tous les côtés; il les plaça dans sa gibecière, sans même voir que ses doigts, gras encore du lard de son déjeuner, en tachaient les couvertures.

Gros René.

Enfin, il partit pour l'école.

Son visage, son cou, ses oreilles qu'il n'avait pas lavés, étaient crasseux; ses mains étaient grises et huileuses; ses cheveux blonds qui fri-

saient, et qui eussent été très beaux
si le malpropre garçon en avait pris
soin, ressemblaient à une boule d'é-
toupe. Enfin ses sabots, et le bas de
son pantalon étaient jaunes de boue.

Gros René savait bien qu'il était
coupable d'aller à l'école sans avoir
fait sa toilette. La preuve qu'il le
savait, c'est qu'il se disait :

— Je me mettrai dans un coin pour
que le maître ne me voie pas.

III. — A L'ÉCOLE DE GROS RENÉ

A l'école de Gros René, le maître,
chaque matin passait dans les rangs
pour faire *l'inspection de propreté*. Il
regardait attentivement le visage, le
cou, les oreilles, les mains, les cheveux, de ses jeunes élèves; il regardait aussi leurs chaussures pour voir
si elles étaient cirées, et leurs vête-

ments pour voir s'ils étaient brossés.

Gros René avait trouvé le moyen de ne pas se mettre en rang avec ses camarades.

Ce matin-là, tous les petits garçons

L'inspection de propreté.

de l'école, tous ceux que le maître avait vus, étaient parfaitement propres.

Et maître était bien content.

IV. — « POURQUOI TE CACHES-TU, GROS RENÉ? »

Le silence était si absolu, dans la

classe, qu'on n'entendait que le balancier de l'horloge qui faisait : « Tic, tac, tic, tac. »

Soudain, un grand bruit qui fit sursauter tous les petits enfants sur leurs bancs, se produisit, là-bas, dans le fond de la classe, derrière le vaste poêle de faïence.

Qu'y avait-il !

Tous les élèves effrayés s'étaient retournés !

Or, c'était Gros René qui causait tout ce tapage. Pour se soustraire à la vue du maître, ce garçon s'était blotti derrière le poêle. Et là, tout seul, comme un galeux, il pensait :

« Dès que le maître tournera le dos pour tracer le modèle d'écriture, au tableau noir, j'irai en tapinois reprendre ma place. »

Afin qu'on ne l'entendît pas marcher, Gros René avait ôté ses sabots,

GROS RENÉ SE CACHAIT, TOUT PENAUD.

il les portait sous son bras. Et voici que, juste au moment où il se déplaçait, il se cogna le coude et... patatras, les sabots tombèrent en faisant grand fracas.

Rapidement, le maître quittant sa chaise, se dirigea vers l'endroit d'où était venu le bruit.

Qui aperçut-il, couché à plat ventre derrière le poêle, et qui se cachait?

Il aperçut Gros René, plus pénaud qu'un chat pris au piège.

Le maître dit d'une voix très sévère et en fronçant terriblement les sourcils :

— Que fais-tu là?... Pourquoi te caches-tu, Gros René? Approche, que je te voie bien.

Gros René n'osait bouger dans sa cachette.

Tous les petits camarades qui s'étaient huchés sur leurs bancs pour mieux voir, riaient et s'amusaient beaucoup de la mine embarrassée de Gros René.

Le maître reprit plus fort et en fronçant plus terriblement encore ses sourcils :

— Répondez, vilain garçon !... Approchez !... Faut-il que j'aille vous tirer par l'oreille pour vous mettre debout ! »

Enfin, Gros René se décida à sortir de sa cachette.

V. — RIEN N'EST AUSSI JOLI QU'UN ENFANT PROPRE

Quand le maître vit Gros René en plein jour, il fut indigné !

— Comment, disait le maître, comment oses-tu te présenter ainsi en classe ! Tu es répugnant, Gros René !... Je ne veux pas que tes camarades soient exposés à respirer l'air que tu salis.

Ignores-tu que tes vêtements pleins de poussière, que ta peau crasseuse, infectent la classe où tu étudies?... Sors d'ici ! va te laver, te peigner, te cirer. Quand ta toilette sera faite à fond, *à fond*, comprends-tu, reviens : je jugerai alors si je puis t'admettre dans ma classe, à côté de tes camarades.

Sors d'ici, Gros René... va te débarbouiller.

Et Gros René fut honteusement chassé de la salle d'études.

Tout rentrait dans le calme; les petits enfants se remettaient à faire leur page d'écriture; quand le maître leur commanda de poser leurs plumes :

— Écoutez-moi bien et retenez ce que je vais vous dire :

« Rien n'est aussi joli qu'un enfant propre. Il ressemble à la fleur qui s'entr'ouvre. Chacun voudrait embrasser ses joues blanches et roses; chacun voudrait caresser ses beaux cheveux brillants; chacun aime l'enfant propre.

« L'enfant dont le visage et les mains sont bien lavés, et les vêtements bien propres, même s'il n'est pas riche, même s'il a une blouse rapiécée, fait honneur à ses parents. »

VI. — OH ! QU'UN ENFANT SALE EST REPOUSSANT !

« Mais il n'est rien de plus laid qu'un enfant sale. Chacun détourne la tête devant son visage repoussant. Sa peau souillée répand une odeur écœurante; ses cheveux embroussaillés sont ternes; ses mains noires de crasse salissent tout ce qu'elles touchent : les mains de l'enfant sale font songer aux limaces gluantes qui, partout où elles rampent, laissent des salissures.

« L'enfant malpropre, même s'il a de beaux vêtements, n'a pas l'air comme il faut : il fait rougir de honte ses parents ! »

Tous les petits enfants attentifs écoutaient parler leur maître, ils se disaient en eux-mêmes :

— Moi, je ne veux pas être l'enfant malpropre qui est laid ; au contraire, je veux être l'enfant propre et soigneux qui est joli, qui ressemble à la fleur qui s'entr'ouvre.

VII. — A LA SORTIE DES CLASSES

A onze heures, quand les petits écoliers quittèrent l'école pour aller

OH! GRAND-PÈRE, SI TU SAVAIS,...

déjeuner, notre ami Max alla rejoin-
dre Yvette à la sortie des classes. Tous
deux s'en retournèrent chez grand-
père, en se tenant gentiment par la
main.

Le grand-père attendait ses petits-
enfants devant la porte de son jardin.
Sitôt que Max aperçut le vieillard, il
s'écria :

— Oh! grand-père, tu ne sais pas
ce qui est arrivé ce matin à Gros René?...
Le maître l'a chassé de la classe!

— C'est grave! répliqua le grand-
père... Et pourquoi?

Max expliqua.

— Il faut que tu saches, grand-
père, que chaque matin, le maître ins-
pecte tous les élèves pour voir s'ils sont
bien propres.

Yvette, qui jusqu'alors n'avait pas
parlé, interrompit son frère pour dire :

— Ma maîtresse aussi regarde si

nous sommes bien débarbouillées.
Quand c'est moi qu'elle regarde, ma
maîtresse dit toujours : « Yvette est
très propre ; elle n'a peur ni de l'eau ni
du savon. »

Max reprit :

— Gros René a été chassé parce
qu'il était sale ; il ne s'était ni lavé ni
peigné, ni brossé.

— Et le maître a eu grandement
raison d'agir de la sorte, approuva le
grand-père.

VIII. — MAX ET YVETTE N'AURONT JAMAIS PEUR DE L'EAU NI DU SAVON.

Tout en conduisant ses petits-enfants
à la fontaine pour qu'ils se lavassent
les mains, avant de se mettre à table,
le grand-père exprima ainsi ce qu'il
pensait des êtres qui ne se soignent
pas :

« La saleté est un très vilain défaut.

C'est toujours par paresse qu'on est sale.

Les enfants malpropres sont mal vus partout.

Yvette n'a pas peur de l'eau.

« Personne ne cherche à leur être agréable. On les trouve grossiers, parce que c'est une grossièreté que de se présenter à quelqu'un sans avoir bien fait sa toilette.

Max et Yvette ne voulaient point qu'on pensât mal d'eux :

Aussi s'écrièrent-ils :

— Jamais, grand-père, jamais nous n'aurons peur ni de l'eau ni du savon ! »

TOTO, LE FANFARON (1)

(VANITÉ. MODESTIE)

Ne portons pas trop haut la tête :
La modestie est ce qu'il faut.
Lorsque le crâne est vide et bête,
Il est léger à porter haut.

RATISBONNE.

I. — LE PETIT CLAIRON!

Toto, de son vrai nom, se nommait HECTOR!

Lorsque papa et maman reçurent le

(1) On appelle fanfaron celui qui veut se faire valoir plus qu'il ne vaut en effet; qui se vante d'une bravoure qu'il n'a pas. Un fanfaron est un vaniteux, un sot, par conséquent.

POUR LES TOUT PETITS. — MORALE 7.

bébé tout rose, il criait si fort, si fort! que toute la famille pensa que, dans le petit gosier du marmot, se trouvait un clairon. — Et donc, le papa se dit :

— Voilà qui promet pour l'avenir! »

Et l'idée lui vint immédiatement que ce petit clairon serait un brave! Et qu'un jour, il porterait crânement l'épaulette dorée, l'épée flamboyante et le képi empanaché!

Aussi, ce fut pour encourager une vocation guerrière, qui se manifestait à coups de clairon, que ce papa donna au poupon le nom d'un guerrier fameux; le nom d'Hector, « du vaillant Hector, auquel le bouillant Achille fit mordre la poussière », ainsi que le disent les livres très savants de messieurs les collégiens.

II. — LE SEIGNEUR TOTO!

Or, il se trouva que le seigneur Toto,

en grandissant, se montra tout l'opposé de ce que fut le « vaillant » Hector.

Toto était vantard, fanfaron, vaniteux, et poltron autant qu'un lièvre.

De sorte que son nom ronflant lui allait à peu près comme le nom de César à un lapin.

Et le pauvre papa qui avait cru donner la becquée à un aiglon, se désolait à constater qu'il ne nourrissait qu'un oiselet piaillard!

III. — TOTO A SIX ANS!

Quand Toto eut six ans, son papa l'envoya à l'école et, tout de suite, il y fut très malheureux!

Il y fut très malheureux parce que ses camarades ne l'aimaient pas. Toto se vantait d'être le plus grand, le plus riche, le mieux vêtu de tous les petits enfants de sa classe.

Toto, en se vantant ainsi, ne prouvait pas qu'il valût davantage que les autres écoliers; mais il prouvait qu'il était bien le plus sot.

IV. — LA VANTARDISE DE TOTO

Toto disait, d'un air dédaigneux, aux petits garçons de sa classe :

« Ton papa n'a pas un beau jardin comme celui de mon papa!... »

« Ton papa ne t'achète pas de beaux souliers avec des clous qui brillent sur la semelle!... »

Il ployait la jambe, prenait son pied dans sa main, par derrière, et ajoutait :

« Tiens, regarde comme ils brillent, mes clous! »

« Ton papa ne se promène pas avec M. le maire comme papa... »

V. — AH! SI TOTO VOULAIT...

Quand il fallait lire, Toto qui était in-

TIENS, REGARDE COMME ILS BRILLENT, MES CLOUS!

capable de distinguer un A d'un B, refusait de faire entendre son clairon.
Alors le maître le punissait, le mettait
à la dernière place
de la classe.

Et le fanfaron
osait dire :

— Moi, si je vou-
lais seulement re-
garder mon livre,
je lirais bien mieux
qu'eux tous. — Ce
n'est pas si malin de lire, puisqu'il
suffit d'ouvrir le livre, de mettre son
doigt sur les lettres et de crier :
« A, A, A, B, B, B. »
S'agissait-il de tracer des bâtons?
Au lieu du trait léger et sans bavures
que faisaient les gentils petits élèves, le
seigneur Toto ne pouvait mettre qu'une
rangée de pâtés; il écrasait sa plume,
qu'il tenait avec la légèreté d'un labou-

C'est pourtant beau!

reur empoignant sa bêche pour retourner la terre.

Et quand le maître lui mettait la note *très mal* sur sa page, Toto pensait : « C'est pourtant plus beau que tout, ma page!... C'est gros! Ça fait des figures, des arbres, des poules!...

VI. — « JE SUIS LE PREMIER! »

Un jour, le papa demanda à son fils :
— Quelle est ta place, en classe?
Toto, sans se troubler, répondit :
— Moi, je suis le premier de tous!
— Comment, toi, le premier?... toi, Toto?
— Oui, je suis le premier !... Je suis le premier, quand on compte les élèves en commençant par le banc, tout au fond de la classe!...

Le malheureux! C'est le dernier qu'il était... Le dernier! quelle honte.

VII. — GRANDEUR ET DÉCADENCE!

Non, oh! non, « le vaillant Hector n'a pas lieu d'être fier de son parrainage.

Le papa de Toto, non plus, n'est pas fier de sa paternité. D'ailleurs, il n'ose plus nommer son fils HECTOR : il ne l'appelle plus que *Toto*. Hélas! s'être vu proclamer Hector et retomber Toto!…

Le vaillant Hector.

« Le Capitole et la Roche tarpéienne! » comme dirait au lycée un jeune savant de neuvième.

VIII. — MAX ET TOTO

Un jeudi, jour de fête pour messieurs

les écoliers, le papa de Toto reçut la visite d'un vieil ami. Ce vieil ami était venu, accompagné de son petit-fils, un charmant garçon de l'âge de Toto.

Ce petit garçon s'appelait Max.

Et le bon papa avait dit à Max, en désignant Toto :

— Voilà un enfant avec lequel tu feras une paire d'amis. Allez tous les deux jouer dans le jardin.

Et les deux petits hommes étaient partis, se tenant par la main.

IX. — LE JARDIN DE TOTO

C'était un superbe jardin que celui où s'en allaient les deux enfants. Il y avait de beaux grands arbres dont le feuillage étalait une verdure fraîche, sous laquelle on se mettait à l'ombre. Tout en haut, le soleil dorait les dernières branches ; et les petits oiseaux

qui s'y perchaient, chantaient joyeusement, en pointant leur bec ouvert vers
le ciel bleu.

X. — TOTO GYMNASTE

Toto était assez leste pour son âge :
il ne pensait pas qu'aucun petit garçon pût être aussi agile que lui.

Et, tout de suite, avec sa vanité cou-
tumière, il dit à Max :

— Moi, en gymnastique, je suis le
plus fort de l'école... Viens jusqu'au
perron : tu verras combien de marches je peux sauter.

Max suivit son camarade, sans répondre; mais il était évident que la
vantardise du seigneur Toto ne lui
plaisait pas.

Toto gravit le perron, descendit pru-
demment trois marches; puis, d'un

bond, franchit les trois marches qui restaient.

Cet exercice étant réussi, Toto se retourna vers Max, resté sur le haut du perron et, avec un geste de triomphateur, le fanfaron claironna :

Max fléchit sur ses jambes.

— Hein! tu ne me croyais pas si fort! A l'école, même les grands, n'oseraient pas lutter avec moi! Même Bonnafou et Galuchar, qui ont eu *injustement* le prix de gymnastique, n'oseraient pas!

Max ne répondit pas un mot à tant de fanfaronnade.

Cependant les vantardises du seigneur Toto cessèrent quand il vit Max, resté sur le haut du perron, qui réunissait les pieds, portait les bras en avant — ainsi que le prescrit le maître de gymnastique. — Puis, pour prendre son élan, Max fléchissait deux fois sur les jambes; et, au troisième fléchissement, il s'élançait!... Il franchissait toutes les marches du perron, et retombait sur la pointe des pieds avec une élasticité de jeune chat.

Max ne manifesta nul orgueil! Il n'emboucha pas le clairon pour chanter sa victoire, comme l'eût fait le seigneur Toto. Il se contenta de jeter un coup d'œil heureux sur son camarade. Ce coup d'œil voulait dire : « Voilà ce que j'ai osé! »

Toto était furieux, son amour-propre était blessé! En fanfaron de race, il s'écria :

— Moi, si je voulais, j'en ferais bien autant!

TOTO REGARDAIT LA LONGUE FILE A FRANCHIR.

Et Max, de son petit air poli, répondit :

— Si tu *pouvais* le faire, Toto, tu *voudrais* le faire.

— Ah! tu te crois plus fort que moi?... Tu vas voir, Max. Et, en quatre enjambées, Toto escalada les degrés du perron.

XI. — PATATRAS !

« Ce n'est pas malin de sauter six marches! s'écriait Toto. »

Mais, en disant cela, la voix du seigneur Toto ne vibrait plus. Il regardait la longue file à franchir! Son visage était rouge comme une cerise!... Et voilà que, de rechef, il rencontra, fixé sur lui, le regard moqueur de Max.

Toto se sentit outragé!...

— Ah! tu me crois un poltron! Tu crois que j'ai peur! »

Et tout-à-trac, pan! Toto s'élance... et s'en va rouler sur les cailloux de l'allée...

Dans sa chute, le pauvre fanfaron a déchiré son pantalon, s'est aplati le nez, écorché les genoux et les paumes des mains.

Mais il se relève bien vite, en criant :

« Je l'ai fait exprès! »

Max, tout pâle, est près de son camarade; il lui demande gentiment :

— Tu ne t'es pas fait de mal, Toto?... Tu saignes!

Et Toto, tout à fait honteux, répond brusquement :

— Non, monsieur!... Je ne me suis pas fait mal... au contraire!

— C'était trop élevé pour toi, Toto... tu es plus petit que moi.

— Non, ce n'était pas trop haut!... mais j'ai voulu tomber à plat, pour te prouver que je ne suis pas un douillet, moi!... et que je ne pleure pas quand je saigne du nez!

A cette cocasse fanfaronnade, Max ne put retenir un éclat de rire.

Et seigneur Toto, malgré ses membres endoloris, se mit à courir par tout le jardin, pour démontrer qu'il ne s'était point fait mal... *au contraire!*

Avec une longue baguette, le maître soulignait les signes.

PAFF, LE PARESSEUX

(NÉCESSITÉ DU TRAVAIL)

> Bien travailler, c'est être sage,
> Et le travail nous rend joyeux.
> JOIN.

I. — « PARFAIT ! »

Le papa et la maman de Paff avaient reçu leur petit garçon le 18 avril. Et comme, ce jour, l'almanach marquait *saint Parfait*, ils jugèrent d'un bon augure de donner le nom de « Parfait » au petit enfant qui leur arrivait. Ils ne se dirent pas seulement que ce nom de « Parfait » s'adapterait bien à l'extérieur du poupon, dont ils trouvaient si beaux les membres potelés; ils se dirent aussi que leur fils tiendrait à donner au nom de « Parfait » toute la signification que ce vocable comporte; et qu'ainsi, leur fils serait le jeune homme parfait : de nom! de beauté! d'esprit!

Comme le prouve ce qui précède, papa et maman raisonnaient superbement!

Mais hélas! « Parfait » ne porta pas longtemps son beau nom!... Sa sœur aînée, jeune fille âgée de deux ans, ne sachant pas encore bien articuler « Par fait » l'appela *Paff*. Et le nom de Paff resta.

Il fut « Paff » pour la famille; il fut « Paff » pour les amis; il fut « Paff » pour l'école!...

II. — PAFF A L'ÉCOLE

Paff, avec les années, avait grandi; il

dut aller à l'école; mais Paff était paresseux! horriblement paresseux!

Dès le premier jour de classe, il s'ennuya... trop!

Et d'abord, le maître eut la singulière idée de montrer à Paff, ainsi qu'aux autres petits garçons, un grand tableau noir sur lequel étaient tracés des signes blancs.

Puis, avec une longue baguette, le maître soulignait les signes un à un.

Les jeunes élèves se tenaient debout en demi-cercle, devant le tableau noir. Au fur et à mesure que le maître désignait les signes, vingt jolies petites bouches s'ouvraient, montraient de fines dents blanches; et vingt voix fraîches, aiguës comme des cris de moineaux, criaient :

« BA BE BI BO BU ».

Paff trouvait qu'il serait bien mieux,

assis à sa place, que planté devant ce tableau noir.

Rester debout, sans bouger, c'était très fatigant! Et s'égosiller à dire « *ba be bi bo bu* », c'était encore bien plus fatigant.

Et voilà que, au lieu de lire, avec ses petits camarades, la seconde leçon :

« DA DE DI DO DU ».

Paff aperçut un gros chat, couché paresseusement sur le bureau du maître. Ce gros chat dont les yeux étaient mi-clos, semblait se moquer de tous ces petits garçons qui apprenaient à lire.

C'était un chat noir par tout le corps, excepté au bout du nez, qu'il avait blanc.

Et le gentil camarade Max dit à l'oreille de Paff :

C'est à cause de son nez blanc qu'on l'a nommé Piff.

III. — PIFF ET PAFF!

Et voilà que tout à coup, dans la classe, on entendit un petit garçon qui pleurait très fort, avec des sanglots convulsifs; ce qui annonçait un gros chagrin.

C'était Paff qui se lamentait si bruyamment.

Un chat était paresseusement couché.

Le maître, inquiet, interrompit sa leçon; il se pencha vers le gémissant personnage. Il lui demanda :

— Qu'as-tu, Paff?... Es-tu malade?... Veux-tu sortir?...

Et Paff, en suffoquant, étendit son doigt vers le minet, dont les yeux mi-clos semblaient se rire du pleurni-cheur. Paff disait :

— Je voudrais... Je voudrais...

Et comme le petit garçon n'achevait pas sa phrase, le maître qui n'avait pas de temps à perdre, s'écria brièvement :

— Achève donc!... Voyons, que voudrais-tu, Paff?

— Je voudrais... Je voudrais être... Piff !

A peine le pauvre Paff achevait-il sa phrase, que des rires sonores partaient en fusée de tous les coins de la classe. Et les petits écoliers fort réjouis, se poussaient du coude, tapaient du pied, se tenaient les côtes ! Et Max disait :

Oh ! bien, c'est Yvette qui s'amusera quand je lui raconterai le désir qu'a Paff d'être Piff !

Et dominant tout autre bruit, il n'y eut bientôt plus dans l'air que ces deux syllabes, prononcées par vingt espiègles mutins :

Piff, Paff, — Paff, Piff, — Piff, Paff.

« JE VOUDRAIS... JE VOUDRAIS ÊTRE PIFF! »

Le maître ayant imposé silence à ses petits diables, demanda au jeune Paff :

— Pourquoi, dis-moi cela, pourquoi voudrais-tu être un chat?

— Parce que je serais bien heureux... Comme Piff, je ne travaillerais pas... On ne le gronde pas, lui; on ne le force pas à dire *ba be bi bo bu.*

IV. — PIFF N'EST POINT UN PARESSEUX

Et le bon maître dit :

— Ton erreur est grande, mon pauvre Paff, de croire que Piff est un paresseux !

« S'il dort pendant que tu apprends à lire, songes-tu à ce qu'il fait pendant que, la nuit, ta paupière est close, et que, près de ta mère, tu reposes doucement?

« Tout le temps que dure ton sommeil, Piff va de la cave au grenier, montant la garde ! En brave sentinelle qu'il est, il éloigne du logis, les rats, les souris et bien d'autres bêtes nuisibles qui, sans lui, dévasteraient les provisions du ménage. Ce n'est que le jour venu, quand le bruit éloigne l'armée des rongeurs, que Piff prend ses aises et interrompt son labeur. Quand tu le vois si calme, l'air si heureux, c'est qu'il a bien rempli sa tâche, fait tout son devoir de chat. »

Max, et tous ses petits camarades, ayant écouté parler le bon maître, s'écrièrent en désignant le chat qui, durant son éloge, s'était étendu plus nonchalamment encore, et dont les yeux mi-clos, se moquaient toujours :

— Piff n'est point un paresseux !... mais Paff est un paresseux !

V. — PIERROT, PIERRETTE.

Paff commence une page d'écriture.
Le maître a dit :

— Je suis sûr de n'avoir, dans ma classe, que de gentils élèves. Et ces gentils élèves, pour me faire plaisir, vont écrire une belle page avec des lettres bien formées; il n'y aura nulle tache sur la belle page, pas même un petit pâté.

Paff veut faire plaisir à son maître. C'est pourquoi il chasse brutalement *dame paresse* qui lui conseille de regarder travailler les camarades. Il fait une ligne, non sans effort. Un petit bout de langue qui passe entre ses lèvres, prouve à quel point il s'applique.

Il commence la deuxième ligne; mais au beau milieu, il s'arrête... Paff est déjà fatigué!

Il regarde par la fenêtre qui s'ouvre

LES GENTILS ÉLÈVES S'APPLIQUENT.

sur le jardin; il voit un pierrot qui voltige et fait grand tapage.

Oh! se dit Paff à lui-même, les pierrots sont bien heureux... Ils n'ont rien à faire!

Et dans un gros soupir, il dit à haute voix :

« Je voudrais bien être un pierrot! »

Le bon maître avait les

Paff voit un pierrot qui vole.

yeux sur Paff. Il lisait sur le front du paresseux toutes ses pensées. Aussi ne fut-il pas étonné d'entendre Paff s'écrier :

« Je voudrais bien être un pierrot! »

Il appela le petit enfant près de lui; il l'assit sur ses genoux et il lui dit, mais d'une voix forte, afin que tous les élèves entendissent :

« Cet oiseau qui voltige et dont tu envies le sort, mon petit Paff, n'est point un paresseux. Regarde-le bien ; il est à peine gros comme ton poing fermé ; malgré sa fragilité, il fait des milliers et des milliers de courses à tire d'ailes pour trouver les brins de foin dont il tresse son nid. Paff se lève tard ; mais Pierrot se lève avec l'aurore ; et, tant que dure le jour, il s'occupe activement à préparer la maison des petits qui vont naître ; et tandis que Pierrette couve et fait éclore, Pierrot va chercher pour elle la nourriture nécessaire.

Il ne faut pas de paresseux dans la nature. »

Et tous les petits garçons, Max plus fort que les autres, répétèrent :

« *Il ne faut pas de paresseux dans la nature.* »

VI. — MOI AUSSI JE TRAVAILLERAI!

Depuis quelques jours, Paff s'efforce d'être moins paresseux. Il voit que tout travaille autour de lui.

Paff voit l'eau de la petite rivière qui coule vivement, sur un lit de cailloux, pour s'en aller faire tourner le moulin. Paff voit la fourmi se hâter de porter la pâture à la fourmilière. Paff voit l'abeille butiner les fleurs pour faire le miel dont il est si friand. Enfin, Paff voit son père, tourner, retourner la terre, avant d'y mettre la semence d'où naît le blé, le bon blé qui donne la farine et dont se fait le pain.

Et Paff s'est dit :

« Moi aussi, je travaillerai.

L'instituteur se rend compte du changement qui est en voie de s'opérer chez Paff. Pour le maintenir dans de si fructueuses dispositions, il lui donne une place près de Max, l'un de ses meilleurs petits élèves :

Et l'instituteur dit à Max :

Paff voit que tout travaille autour de lui.

— Je pense bien que tu donneras bon exemple et bons conseils à Paff; et que, près de toi, ce garçon ne sera plus « *le paresseux* ».

VII. — UN AN PLUS TARD.

Paff a fait de grands progrès : il sait lire; il écrit lisiblement. Paff est sage, cela va sans dire, puisque « bien travailler, c'est être sage ».

Paff voudrait-il donc aller à la conquête de son nom ?

Paff reviendrait-il « *Parfait ?* »

Yvette et Max criaient : Grand-père! venez voir!...

I. — FI!... LES POLISSONS!

(NE PAS MALTRAITER LES ANIMAUX)

L'enfant qui maltraite les animaux est
un méchant; il n'a pas de cœur.
Il y a une loi qui condamne à la prison
les polissons qui martyrisent les animaux domestiques.

Yvette et Max arrivaient en courant.
Tous les deux, ils semblaient très
émus! Ils avaient le visage rouge comme
coquelicot!
Yvette et Max criaient ensemble :
— Grand-père! grand-père! Oh!
venez voir!... Ils sont très méchants!

POUR LES TOUT PETITS. — MORALE 9.

Ils vont lui faire beaucoup de mal!
Le bon-papa qui visitait les arbres

Cinq méchants garçons martyrisaient la pauvre Mirette!

fruitiers de son potager, se retourna
vers ses petits-enfants.

Il demanda :

— Qu'y a-t-il? De qui parlez-vous?
Où sont les méchants? A qui veulent-
ils faire beaucoup de mal?

— Oh! bon-papa! Si vous voyez,
dit Yvette en joignant ses petites

mains!... Il y a le Gros-Louis et quatre ou cinq méchants garçons comme lui, qui ont attrapé Mirette et qui lui font toutes sortes de méchancetés!

II. — PAUVRE MIRETTE!

Le bon-papa demanda :
— Qui est-ce, Mirette?
Max expliqua :
Mirette, c'est une jolie petite chienne blanche, son museau est brun, et ses yeux sont beaux comme les yeux d'Yvette! Cette pauvre bête n'a plus de maître! Elle a faim; elle se traîne partout afin de trouver un peu de nourriture, et elle est douce comme l'agneau de la ferme!

« C'est parce que ces méchants garçons savent bien que Mirette ne les mordra pas et qu'elle n'a pas de maître pour la défendre, qu'ils la font tant souffrir ! »

Yvette ajouta :

Le Gros-Louis n'oserait pas toucher à Bob, le dogue du voisin, parce que Bob est féroce comme un loup !

— Eh bien ! déclara le grand-père, le Gros-Louis est un lâche !... Et personne, pas même Max, pas même Yvette, personne n'a essayé d'arracher la pauvre Mirette des mains de ces méchants garçons ?

— Oh ! s'écria Mlle Yvette, moi ça m'ennuyait bien de les voir battre la jolie petite chienne; mais je ne voulais pas dire au Gros-Louis qu'il est cruel !

— Pourquoi donc? demanda le bon-papa très étonné.

— Parce que le Gros-Louis est très méchant ! Il se serait mis en colère contre moi !... Moi, je ne veux pas être fâchée avec un garçon si méchant !...

— Oh! Yvette que c'est laid! ce que tu dis là! Comment! Dans la crainte de quelques mauvaises raisons, et parce que tu as affaire à un méchant galopin, tu laisses faire le mal que tu pourrais essayer d'empêcher !... Laisser faire le mal, c'est presque aussi affreux que de faire le mal soi-même. Fi! Yvette! fi! la vilaine égoïste!

Gros-Louis est très méchant!

Mlle Yvette baissa la tête. Elle avait honte! Pour cacher sa honte, elle se mit à ramasser des feuilles mortes qui étaient tombées dans les allées du jardin.

Max demanda :

— Bon-papa, qu'est-ce qu'une égoïste?

— Être égoïste, c’est ne penser qu’à soi. Un égoïste veut tout pour soi. Il faut que les autres fassent tout pour l’égoïste ; mais l’égoïste ne veut faire rien pour les autres. Tout à l’heure Yvette s’est montrée une vilaine égoïste, parce qu’elle a mieux aimé laisser souffrir un animal que de perdre sa tranquillité.

— Pardon, bon-papa, dit Yvette, en se jetant dans les bras du vieillard… Je ne serai plus jamais égoïste, je prendrai exemple sur Max et sur Dominique !

— Est-ce que ton frère et Dominique ont défendu l’animal qu’on maltraitait ?

— Oh ! oui, bon-papa !… Mais quand Max a vu que le Gros-Louis et tous les autres restaient quand même les plus forts, il a dit :

— Tiens bon, Dominique ! Je vais chercher grand-père !

Le bon-papa quitta ses espaliers. Il dit à ses petits-enfants :

— Conduisez-moi vers le Gros-Louis. C'est à moi qu'il répondra de sa brutalité.

Tout en marchant vite, Max disait :

— Dominique a du courage. Il est très bon! Il n'a pas peur!... Dominique passait par le sentier pour venir jouer avec nous. Mais quand il a vu tous ces méchants garçons qui faisaient tant de mal à Mirette, il m'a crié :

— Max! viens m'aider! »

Yvette et moi nous y sommes allés.

Le Gros-Louis et tous les autres se moquaient de nous! Mais Dominique ne faisait pas attention aux vilains mots qu'on lui disait. Dominique voulait détacher Mirette; il voulait la faire se sauver bien vite!

Quand le Gros-Louis vit que Mirette allait s'échapper, il s'est mis dans une grande colère !

Oh ! il était laid, le Gros-Louis ! dit Mlle Yvette : les yeux lui sortaient de la tête ! On aurait dit qu'il était fou !

Max continua :

— Et voilà le Gros-Louis qui donne un coup de pied à Dominique. A ce moment, tous les amis du Gros-Louis voulaient se jeter sur nous et nous battre ! Mais Dominique n'est pas un lâche ! Il est brave ! Tous ces mauvais sujets ne lui ont pas fait peur !

Très vivement, il a dégrafé sa large ceinture de cuir. Et, en la faisant claquer comme un fouet, il s'est planté devant Mirette. Il a dit au Gros-Louis et à tous les autres.

« Méchants gamins !... Au premier qui touche à cet animal, je cingle le visage avec cette bande de cuir !...

Yvette dit :

A CELUI QUI BATTRA CET ANIMAL, JE CINGLERAI LE VISAGE.

— C'est beau, n'est-ce pas, bon-papa, de prendre la défense d'un pauvre animal que des méchants maltraitent.

— Oui défendre et protéger le faible contre le fort, c'est très beau! Dominique est un noble cœur!

— Et Max aussi est un noble cœur, bon-papa! Max aussi a pris la défense de Mirette!

— Je suis très content et fier de mon petit-fils! ajouta le grand-papa.

Le vieillard et les deux enfants étaient arrivés dans la verte prairie.

Dominique était toujours devant Mirette pour la protéger. Il n'avait pas changé de place.

Le courage de ce petit garçon égalait le courage d'un homme!

A cause de la ceinture de cuir dont ils avaient peur, le Gros-Louis et ses camarades n'osaient pas approcher.

Mais ils avaient trouvé un moyen diabolique de faire souffrir Mirette et de faire souffrir Dominique.

Ils lançaient de toutes leurs forces, de petites pierres pointues qui déchiraient les chairs! Dominique était blessé aux mains et au visage; il saignait. Mirette avait la gueule ensanglantée et les pattes aussi! Elle hurlait de douleur!

III. — LES MÉCHANTS SONT TOUJOURS PUNIS

Le Gros-Louis ni les autres n'avaient vu le vieillard qui s'avançait.

Tout à coup, le méchant Louis sentit une main dure comme le fer qui s'abattait sur son épaule. Il entendit une voix très fâchée qui lui disait :

« Misérable! Misérable!... Tu es un misérable! »

Tous les camarades du gros Louis

avaient eu peur; ils étaient partis en courant comme des lièvres.

Le Gros-Louis essayait d'échapper à l'aïeul. Mais la main de fer serrait toujours plus fort l'épaule du méchant!

Le grand-papa commanda à Max :

— Va vite détacher la pauvre bête! Mène-la à la source pure; Tu laveras ses plaies dans l'eau limpide. Ensuite, tu la conduiras à la maison. Désormais la pauvre Mirette ne sera plus le souffre-douleur des garnements; elle aura un maître. Ce maître ce sera toi, petit Max!

Le petit garçon était fort content!

— Oh! que Mirette sera heureuse!... s'écria Mlle Yvette. Puisque ce sera Max son maître!... Moi, je serai sa maîtresse, et nous ne la maltraiterons jamais, jamais!

Max et Yvette s'éloignèrent. La pauvre bête les suivait en tremblant.

UNE MAIN DURE COMME LE FER S'ABATTIT SUR L'ÉPAULE DU MAUVAIS
SUJET.

Le petit garçon et la petite fille s'en allaient à la source pure, laver les plaies de Mirette dans l'eau limpide.

Alors d'une voix très douce, l'aïeul dit à Dominique :

— Ta conduite mérite beaucoup d'éloges, mon enfant! Ce que tu viens de faire, prouve que tu es un brave garçon! Je vais aller raconter

Les méchants sont toujours punis.

ta noble conduite à tes parents et à tes maîtres! Ils seront fiers de toi!

Les louanges qu'ils t'adresseront seront ta juste récompense!

Ensuite, le vieillard prit une voix très sévère qui faisait peur. Il dit au Gros-Louis :

Quant à vous, mauvais sujet, vous allez me suivre chez M. le Maire. C'est lui qui se chargera de vous corriger fort! Car il est membre de la *Société protectrice des animaux!* Il a le droit d'enfermer les mauvais sujets dans la salle de police!

— Oh! Monsieur, gémissait le Gros-Louis, ne me conduisez pas chez M. le Maire!

— Pourquoi, répondit le vieillard, pourquoi voulez-vous que j'aie pitié d'un méchant polisson qui n'a ni cœur ni pitié! Faire souffrir un innocent animal qui ne fait aucun mal et qui ne sait pas se défendre, fi! quelle lâcheté!

— Pardonnez, Monsieur, suppliait le bon Dominique.

Mais le vieillard, en revoyant les

blessures que les pierres, lancées méchamment, avaient faites au visage du
bon Dominique, reprit d'une voix encore plus dure :

— Non ! Non ! Non ! Je ne pardonne-rai pas !

Venez, polisson ! Venez chez M. le Maire ! Votre

« Votre mère pleurera de douleur. »

cruauté est la preuve qu'il n'y a rien
de bon en vous !... Je défendrai à mes
petits-enfants de vous fréquenter.
Tout le monde saura combien vous
êtes mauvais !

Votre père aura honte de son fils !

Votre mère pleurera de douleur !

« Oh ! un fils qui fait pleurer sa
mère !... »

Typographie Firmin-Didot et Cⁱᵉ. — Mesnil (Eure).

Yvette promenait sa poupée dans le potager.

YVETTE LA GOURMANDE

(SOBRIÉTÉ)

L'enfant gourmand est un jeune animal
vorace qui ne vit que pour manger.
PÉREZ.

1. — LE BEAU POTAGER.

Le grand-père d'Yvette avait un
beau potager.

Les allées de ce beau potager étaient
bordées de fraisiers qui produisaient
des fraises en toute saison.

Or, Yvette aimait beaucoup les

fruits; mais à tous, elle préférait les fraises.

Si l'on n'y avait mis bon ordre, elle en aurait mangé... trop! Elle en aurait mangé à se rendre malade.

II. — LE PETIT DOIGT DE GRAND-PÈRE.

Un jour, le grand-père d'Yvette permit à sa petite-fille d'aller jouer dans le potager.

Mais cette permission ne fut donnée qu'en échange d'une promesse. Yvette dut promettre qu'elle ne mangerait aucun fruit... pas même une fraise!

Le grand-père dit :

— Tu as l'estomac dérangé et tu dois te rappeler que le médecin a bien recommandé de ne rien laisser prendre à gentille Yvette entre les repas.

Yvette répondit d'un petit air malin :

— Oui, il a dit ça le médecin ; mais c'est pour me contrarier... Il est très méchant, le médecin ! »

Le grand-père ne releva pas la réplique de sa petite-fille ; il continua :

— D'ailleurs, si tu mangeais des fraises, je le saurais. »

Et le grand-père levait le petit doigt de sa main gauche ; il approchait de son oreille ce petit doigt bavard qui raconte aux parents toutes les sottises de leurs enfants.

— Oui, oui, si tu désobéissais, je le saurais immédiatement.

Yvette promit de ne toucher à rien et de ne pas être gourmande.

Elle s'en alla donc au potager. Elle avait dans ses bras une jolie poupée, habillée ainsi qu'une belle madame ; cette poupée, c'était « *sa fille* ».

— Ma *fille* a sa migraine, disait-elle en cheminant ; elle a sa migraine comme maman... Il lui faut de l'air ! »

III. — LE LOUP ÉTAIT UN GROS GOURMAND.

D'abord Yvette fut tout à fait raisonnable.

Elle se promenait gravement dans les allées ; elle caressait sa poupée ; lui racontait, à sa façon, l'histoire du Chaperon - Rouge qui portait à sa mère - grand' une galette

Le loup était un gros gourmand.

dorée et un pot de beurre frais.

« Et puis, disait Yvette, le petit Chaperon-Rouge, au lieu de suivre droit son chemin, entra dans le bois pour y cueillir des noisettes ; elle rencontra le loup.

« Le loup était un gros gourmand! Il voulait croquer la galette de Chaperon-Rouge et avaler son beurre frais. »

Et l'enfant répétait à sa poupée, avec les mêmes intonations, les mêmes gestes — oh! la petite comédienne! — ce qu'on disait à elle-même chaque jour : « C'est laid la gourmandise!... C'est un vice affreux! »

IV. — « OH! QU'ELLES SONT BELLES!.., »

Tout en babillant, sermonnant, la jeune Yvette regardait les fraises qui étaient en bordure; les exquises fraises rouges, rouges comme ses jolies lèvres toujours humides.

— Il y en a beaucoup, beaucoup! » dit-elle à haute voix. « Il y en a trop pour que grand-père ait pu les compter! »

Elle s'approcha d'une bordure ;

— Oh ! qu'elles sont belles ! »

Elle se baissa :

— Oh ! la bonne odeur ! »

Elle avança sa petite main pour en cueillir une... Soudain, elle la retira ;

— Non !... J'ai promis à grand-père que je n'en mangerai pas. Je ne suis pas une gourmande, moi ! »

Et la petite fille se redressa, s'éloigna bravement des fraises tentatrices :

« Tu vois, dit-elle en s'adressant à sa poupée, tu vois je te donne le bon exemple : Yvette n'est pas une gourmande !

V. — SANS LES COMPTER.

Mais voilà que, de rechef, les yeux d'Yvette se portent sur les fraises. Pour la deuxième fois elle se dit :

— Il y en a beaucoup, beaucoup !... Il y en a trop pour que grand-père ait pu les compter. »

Et elle ajouta :

— Je puis bien en manger une ou deux! Je les choisirai petites, toutes petites... Grand-père ne le saura pas.

Yvette ne résistait plus ; la tentation était trop forte. Elle posa sa poupée au pied d'un arbuste, se mit à croupetons devant les plates-bandes et, en grande hâte cueillit et mangea les fraises... sans

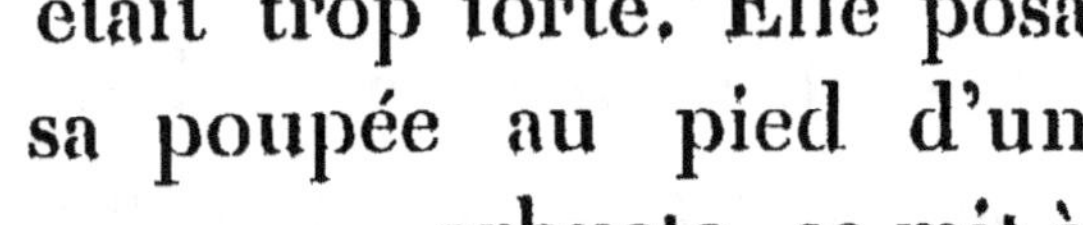

Yvette à croupetons, cueillit et mangea les fraises

les compter.

VI. — YVETTE A MAL AGI.

La petite-fille, ayant commis son vilain acte de gourmandise et de dé-sobéissance, essuya vigoureusement

son visage avec son mouchoir pour que
nulle trace de son méfait ne subsistât.
En outre, comme elle n'était pas dé-
pourvue de malice, elle suça ses doigts
que les fruits avaient rougis et qui au-
raient pu la trahir.

Cela fait, petite Yvette reprit sa
poupée, quitta le potager et tranquil-
lement rentra dans la maison.

VII. — ENCORE LE PETIT DOIGT DU GRAND-PÈRE.

Grand-père était assis dans sa chambre : il lisait son journal. Il entendit
Yvette qui allait et venait dans la pièce
voisine. Il l'appela et lui demanda :

— Yvette, n'as-tu pas mangé de
fraises ?

Chaque mauvaise action nous rend
capable d'une pire.

De par sa nature, Yvette était une

IL L'APPROCHAIT DE SON OREILLE ET ÉCOUTAIT.

enfant qui ne mentait pas; et voilà que plutôt que d'avouer sa faute, elle répondit :

— Non, grand-père, je n'ai pas mangé de fraises. »

— Vraiment? dit le vieillard étonné.

Le grand-père donna à sa petite-fille les deux ordres suivants :

— Approche-toi, Yvette... A présent, souffle... »

En même temps que l'enfant faisait sortir de sa bouche parfumée, une bouffée d'air, parfumée également, le grand-père levait le petit doigt de sa main gauche; il l'approchait de son oreille et écoutait...

Quand il le retira, il avait la figure triste et sévère. Il dit :

— Vous en avez mangé, Mlle Yvette! vous en avez mangé beaucoup!... ne le niez pas : mon doigt vient de me le dire.

Yvette baissait la tête. Elle était tout à fait honteuse.

— Ah! combien je suis peiné, dit le grand-père, de penser que ma chère petite-fille est une gourmande! Et combien je le suis davantage de la savoir désobéissante! Mais ce qui me peine, ce qui me navre plus que tout, c'est de l'avoir entendue mentir par deux fois! Faudra-t-il, quand j'écrirai à son papa que je dise :

« Yvette est gourmande! »

« Yvette est désobéissante! »

« Yvette est menteuse! »

La petite fille n'avait pas songé qu'elle pût être si coupable! Elle pleurait fort : elle se repentait d'avoir touché au fruit défendu. Dans son désespoir, elle s'écriait :

« Ça dit donc tout, le petit doigt des grands-pères! »

VIII. — LES DRAGÉES DE GRAND-PÈRE.

Yvette avait bien promis de n'être plus gourmande. Et pendant une semaine tout entière elle avait été fidèle à sa promesse.

Un jour, qu'il pleuvait, la promenade étant impossible, grand-père, avait donné l'hospitalité à sa petite-fille, dans son bureau. Il écrivait des lettres, tandis qu'Yvette essayait de belles toilettes à sa poupée. Ce qui n'empêchait pas l'espiègle fillette de suivre tous les mouvements du vieillard.

Or, voici ce que vit Yvette :

Elle vit grand-père ouvrir un tiroir, en tirer une petite boîte, d'où il prit une dragée qu'il mangea. Puis, sans rien offrir à sa petite-fille, il replaça la boîte dans le tiroir qu'il repoussa.

Et la petite fille pensait :

GRAND-PÈRE PRIT UNE DRAGÉE QU'IL MANGEA.

« Grand-père mange des bonbons tout seul, presque en cachette! C'est très laid!... Grand-père est gourmand! »

Le vieillard ne se doutait guère de la grosse indignation qu'il avait provoquée.

Il quitta la chambre pour mettre ses lettres dans la boîte, afin que le facteur les prît quand il passerait. Mais avant d'aller jusqu'à la porte du jardin il avait dit :

— Sois bien sage, Yvette, ne touche à rien! »

IX. — « OH! J'AI MAL!... J'AI MAL! »

A peine grand-père eut-il quitté la chambre, qu'Yvette, agile comme un jeune chat, courut au tiroir et s'empara de la boîte aux dragées.

— Oh! qu'elles sont fines!... Oh! qu'elles sont roses!...»

Elle passa la langue sur une des dragées.

— C'est su-cré!... C'est bon! disait-elle en se caressant l'estomac.

Néanmoins, elle hésitait à en croquer une. Si le petit doigt de grand-père...

C'est sucré, c'est bon.

Et voici qu'il lui sembla entendre dans l'escalier le pas du bon vieillard.

A ce bruit, Yvette perd la tête; elle ne réfléchit plus; ne se dit plus que c'est encore une vilaine action qu'elle va commettre. Elle avale une dragée, puis une autre, puis une autre!... Elle range précipitamment la boîte et retourne à sa place.

Le grand-père rentre; il ne se doute de rien. Petit doigt n'a pas parlé.

Mais une heure plus tard, la petite

Oh, j'ai mal !

fille, toute pâle, ne pouvait plus tenir en place et criait:

— Oh!... j'ai mal... Oh! j'ai bien mal! »

Ces dragées qu'elle avait trouvées si bonnes, étaient des dragées... *purgatives!* Elles causaient une vraie débâcle et d'autant plus douloureuse que la jeune imprudente avait pris triple dose.

Yvette souffrit beaucoup. Elle souffrit tant qu'elle fut à jamais guérie de son vilain défaut : la Gourmandise.

www.ingramcontent.com/pod-product-compliance
Lightning Source LLC
LaVergne TN
LVHW011438180726
843503LV00002BA/486